How to Make a Book with Steidl

本作りのひとつひとつに、なぜこうも惹かれるのか。
世界最高峰の本作りの現場をのぞいてみたい。

すばらしい映画を見て感動した『考える人』編集部は、
さっそく現地に出かけることにしました。
ドイツの地方都市、ゲッティンゲンのシュタイデル社。
そこで見たものは、本の細部を愛する心、そして、
創造するアーティストへの尊敬と惜しみない尽力——。

さあ、あなたも扉を開けて、愉しき本作りの世界へ！

世界一美しい本を作る男
シュタイデルとの旅
DVDブック

N
G
gen einwerfen!

「世界一美しい本を作る」と称される、ドイツの小さな出版社シュタイデル。ノーベル賞受賞作家、ギュンター・グラス、アメリカを代表する写真家、ロバート・フランク、シャネルのカリスマデザイナー、カール・ラガーフェルド……天才たちに愛されてきた出版社の、その秘密に迫る驚きと情熱のドキュメンタリー映画のDVDをお届けします。

映画を楽しまれた後は、もっとシュタイデル社を知りたくなっているはず。ゲッティンゲンでのシュタイデル社訪問記＆ゲルハルト・シュタイデル氏のロングインタビューをご一読ください。

YOU WOULD
ROBERT FRANK
TAL UF
TAL AB
PICTURES THAT MARK CAN DO
DAVID BAILEY
STEIDL
JUERGEN
TELLER
THE
MASTER
BEUYS
BOOK
PAPER
PASSION
ROMAN SIGNER
KARPATEN
CARPATHIANS
BERENICE ABBOTT
DOCUMENTING
SCIENCE
WILLIAM EGGLESTON
Los Alamos
revisited
STEIDL
ANOTHER WATER
THE
LITTLE
BLACK
JACKET
STEIDL
ANDREAS
GURSKY
BANGKOK
PAUL STRAND AT WORK
Robert Frank
COME AGAIN

〝完璧を追求する男〟

経営者ゲルハルト・シュタイデルは、印刷機から出てくる写真や原稿を一枚一枚チェックする完璧主義で〝本〟作りに情熱を注ぐ。今や有名写真家が作品を出版する為に何年も待ち、扱うのはノーベル賞作家の新作からシャネルのカタログまでと幅広く、世界中にコレクターがいるシュタイデル社の〝本〟。ずっと変わらず自らアーティスト達と綿密な打合せを繰り返し、収録作品、使用する紙、インクの選定まで徹底的にこだわり、〝本〟自体をアート作品へと昇華させていく。彼の妥協なき本作りの姿勢は、効率重視の出版業界においてユニークなビジネスモデルとしても注目されている。〝本〟と〝芸術〟、そして〝仕事〟への愛情に満ちたシュタイデルの世界へようこそ。

〝世界を旅する男〟

ニューヨーク、ロサンゼルス、パリ、カタール……。60歳を過ぎてもなお、シュタイデルは精力的にアーティストたちのアトリエへ自ら足を運ぶ。「旅は好きじゃないが、会って打合せをするのが一番。2、3カ月かかる仕事が4日間で終わる」と写真家ロバート・アダムスのキッチンで打合せの合間に語る。そして保険総額が78万ドルにのぼるヴィンテージプリントの写真の束を抱えると、アーティスト、ジェフ・ウォールが待つバンクーバーへと飛び立つ。中東カタールの砂漠の豪華トレーラーでハーリド・ビン・ハマド・ビン・アーマド・アル＝サーニに石や土の色を活かした自然な装丁を提案し、パリではショー直前のカール・ラガーフェルドと、次の印刷について話し合う……シュタイデルの旅はクリエイティブな発見と驚き、そして普遍的な人とのつながりの大切さを教えてくれる。さぁ、旅に出よう。

ゲルハルト・シュタイデル｜Gerhard Steidl

1950年ドイツのゲッティンゲン生まれ。1967年にデザイナー、出版者としてのキャリアをスタート。1968年、地元のゲッティンゲンでシュタイデル社と印刷所を創設。版画やポスター制作を経て、1972年に初となるアートブック『Befragung der Documenta』を手掛ける。また1974年には政治に関するノンフィクションを出版、1980年代初めから文芸書や厳選されたアートや写真の作品集も手掛けるようになる。

1996年から、シュタイデル社はドイツ国外に向けて写真集の出版に特に力を入れ始める。文学作品では作家のギュンター・グラス、同じくノーベル賞受賞者であるアイスランドのハルドル・ラクスネスの作品のほか、社会思想家オスカー・ネークトの著作など、英語とドイツ語の作品に力を入れている。シュタイデル社の近年のクライアントは、一流の写真家や主要な美術館である。

STEIDL

シュタイデルを訪ねて

本作りの現場へ　シュタイデル氏ロングインタビュー

「考える人」編集部

フランクフルト空港から電車で2時間、人口12万人の町ゲッティンゲンへ向かう。目指すは、『世界一美しい本を作る男』のいる出版社、シュタイデル社だ。同名の映画は日本でも公開され、単館系ながら観客動員数2万人を超える人気で、話題となった。

本への情熱はどこからくるのか。出版社としてうまく経営は回っているのか。実際の本作りの現場とは？　ご本人、ゲルハルト・シュタイデル氏にインタビューを申し込むと、意外にもすんなりと快諾の返事が戻ってきた。驚きながらも向かったその先には、美しい本の数々はもちろん、白衣姿できびきびと動き回るシュタイデル氏を中心に、ひとつの有機体のように、機能的に動く仲間たちと本作りに勤しむ写真家や編集者が、集《つど》っていた。

「まずランチを食べて。建物の中は、なにを撮影しても見ても聞いてもよし。ただし、手紙の類や制作途中のものには注意をするように。それから大事なこと。ぼくはずっと動き回っているから、必要なときはソデを引っ張って、キャッチ！　つかまえて！」

午後2時、取材はこうして始まった。ランチを一緒にとった後、広報担当者の案内で会社をぐるり。アメリカ人の写真家、ジョン・コーエン氏（映画では印刷機の間でギターを弾いていた）が色校を真剣に見つめる隣の部屋で行なわれた、夕方からみっちり3時間に及んだインタビューを、ここにお届けしたい。

携帯電話を耳にランチをとるお姿には驚きました。ひっきりなしに連絡が入りますね。普段からそういった多忙な生活なのですか？

ふつう、私の目覚まし時計は午前4時半に鳴ります。それからシャワーを浴びてお茶を飲み、5時半には会社に来て仕事を始めます。理由は、6時にシフト交代があるからです。敷地内にある印刷所は24時間稼動していますが、この時間に夜の当番が家に帰り、朝の当番が出勤してきます。ですから5時半に来れば、夜の担当者と何か特別なことはなかったか、話ができる。

もうひとつ、5時半から9時までの間は、集中して自分の仕事ができます。レイアウトのためのドローイングやスケッチをしたり、アイデアをまとめたり、次のステップはこれだとわかるよう、みんなの仕事机の上にメモを置いたりします。9時になると、コミュニケーションがスタートです。欧州中から電話やメールが入りますし、デザインや写真を担当している社内の者たちは5分ごとに質問を持ってきます。私は会社を「私の病院」と呼んでいるんです。5分おきに急患が発生し、医者は患者の痛みをどうにか取り除こうとする。

夕方6時から、9時にシフト交代を確認して家に帰るまでの間も自分の時間です。電話が入らないので、集中できる。それから週末、土曜日と日曜日もそうなります。印刷機以外は動いていませんからね。私は週末には電話には触らず、メールも一切書かない。口を閉じて、しゃべらない。平日に時間がない分、週末は、手紙の返事を書くなど、違うことをするんです。

私には家族がいないので、「週末」を必要としません。週末に社交的になる必要はない。家族がいないことが良いかどうかはわかりませんが、その意味では人生を楽にしてくれます。というよりも、子供や妻がいたらまた違うでしょうけれど、私は一人でいることにしたのです。土曜日の夜には映画に行ったり、パブに行って友達とビールを飲んだりもしますよ。でもそれ以外はあまり出歩きません。

同時にどのくらいの本を作るのですか？

アート系の本は世界でいちばん数多く出していると思いますが、ビジュアルブックが1年間で約１５０冊。そのうち80冊くらいは同時進行です。文芸書は約50冊で、文芸系の規模としてはドイツで中堅の部類です。合計で、1年に２００冊作っています。社員は42人ですから、これが刊行点数として可能な上限ですね。ただし、私が理想と考えるのは年間１２０冊なので、少しずつ減らしていこうと思っています。量を

明るい茶色の屋根が周りを囲む住宅街に社屋は建つ。

泊り込みで編集作業中の写真家、ジョン・コーエン氏。

コーエン氏と、印刷物のチェックに来たという
イタリアの雑誌編集者。

ランチは専属シェフが作ってくれる。健康的で美味。

メニューは、写真の前菜とメイン、パンと珈琲。

明るいキッチンで、ゲスト同士が語り合うことも。

減らして質を高めていきたい。もっと時間があれば、一つのプロジェクトをもっとケアできます。

ここ数年は展覧会のキュレーションも手がけています。ずっと他の人の展覧会のために写真を準備してきましたが、どの美術館もギャラリーも最初はただ白い壁があるだけで、そこに写真を配置していくことから始まる。それは私が本の編集でやっていることと同じです。本でも、まず白いページがある。本のコンセプトを考えて写真を選び、つながりと配置を決める。本の編集と同じでしょう？ 展示する印刷物を刷る印刷機も所有し、展覧会の技術コーディネーターや、カタログや広告などの担当者、アーティストとのやりとりをする私、とそのためのチームも出来上がってきました。

最近の大きな仕事でいえば、カール・ラガーフェルドが撮影した写真による『CHANEL リトル ブラック ジャケット』展で、2012年から2年間、世界中23カ所を巡回しました（東京では2012年3月〜4月に開催）。ロケーション探しや準備に飛び回って、大忙し。『フィナンシャル・タイムズ』紙が毎年人気のベスト展覧会を選出していますが、1位に選ばれたので、悪くはなかったってことでしょうけれどね（笑）。今年は7つの展覧会を準備しますが、比較的少ないので本作りに専念できそうです。

出版現場を「私の病院」と称する通り、「医者」のもとには
食事中にも「患者」からのSOSの連絡がひっきりなしに入る。

そもそも、本の世界に入られたきっかけを教えてもらえますか？

14歳の時に姉がコダックのレチナ35ミリフィルム用カメラをプレゼントしてくれたんです。それで写真を撮り始めたら、カメラを使えば現実の複製はもちろん、芸術的な表現もできると気づきました。15歳か16歳の頃、有名な写真家になりたいと思い、アーティストと一緒にお金を稼げるよう努力し始めました。自分のフィルムを現像したり、グラフィックデザインをプリントしたりしつつ、他の人のフィルムの現像や、シルクスクリーン、エッチング、リトグラフの制作・販売もしました。両親はとても貧しくて、私の教育費も、ビジネスを立ち上げるお金もまったく出せなかったんです。だから自分でお金を稼がなくてはなりませんでした。

ドイツでは、18歳にならないと起業できないことになっていますから違法です。稼ぎはこっそりポケットに入れました（笑）。夏休みにコーヒーの卸売業者のところでアルバイトをして稼いだのが約600マルク。そのうち300マルクを暗室に使い、残りで印画紙と化学薬品を購入しました。暗室を作るのにはほとんどお金がかかりませんし、シルクスクリーン印刷機だって、1200マルクくらい、ほぼタダ同然で手作りできた。同世代の他の男の子たちが大学へ行く頃、私はすでにかなりの利益を出していたので、それを元手に少しずつ機械を買い足しました。最初の年は中古の小さいものを、2年目にはもう少し大きいものを、5年後には新しい印刷機をってね。

1968年、18歳の時に、会社を始めるライセンスを得て、請求書もオフィシャルに書くようになりました。だから、私が本作りを始めたのは、18歳の時です（笑）。

ヨーゼフ・ボイスと仕事を始めたのは22歳、1972年のことでしたが、目の前の彼を見ていて「自分は絶対に一流のアーティストにはなれない。ずっと三流のままだ」と痛感しました。一流のアーティストのために技術屋として仕事をする方が自分には向いている。その時点で、自分のアート活動はやめましたが、創作時に学んだ技術的な知識は、今でも助けになっています。その裏づけがあるので、アーティストと同じ目線の高さで向き合えます。印刷屋は本も読まず、どれが良い写真か悪い写真かわからない場合も多い。それではアーティストと同じ目線で話をすることができません。でも、私はできる。アートはすべて独学で、大学で勉強したわけではないけれど、自分の立場は、アーティストにとってのテクニカルアドバイザーだと思っています。コラボレーションではありません。アーティストが何を作りたいかを聞き、自分

の技術的なノウハウを使って、アーティストが世の中に伝えたいことを具現化する。それが私の職業です。

　使っている技術には変遷があり、ファインアートプリント（編集部注：アート作品として販売することを目的に制作される高品質のプリントで、海外では高値がつくものもある）から始めてさまざまな印刷を試しましたが、シルクスクリーン、エッチング、リトグラフは１９７６年にやめて、同じ頃にオフセット印刷、そして、本のレイアウトと出版を始めました。そのころ私が作った本は、アート理論や政治関連の書物です。著名な社会学者、オスカー・ネークトと一緒に仕事をするようになったのが１９７５年。彼は今年（２０１４年）80歳になるので、19冊から成る彼の全集を作る予定です。

　全集の編纂はドイツではまだまだ盛んです。例えば、シュタイデルでは、ギュンター・グラスの全集を作りましたし、ノーベル賞受賞作家、アイスランドのハルドル・ラクスネスの全集や、ほかに劇作家の全集なども手がけています。日本はどうでしょう？

　１９９５年になって、写真集を作りはじめました。最初の写真集を作るまで、永遠かと思われるくらい、ひたすら待ち続けました。印刷者として自分を完成させたかったからです。自分自身の写真でテストを重ねても本屋で見る写真集と比べると決して良くなかった。それまでまったく満足できなかったんです。だから、アーティストがシュタイデル社で写真集を出したいと写真を差し出すようになるまでに、ひたすら技術を磨くようにしました。もちろん、フォトショップやデジタル印刷も始めて設備投資はずっとしていましたから、複製するだけなら１９９３年には装置はすべて揃っていました。

　シュタイデルは１９７２年からずっと今と同じ場所にありますが、最初は１棟だけだったのを数年毎に新しい建物を買ってつなげており、全棟が本を作るための設備で埋まっていきましたから。

案内していただかないと、迷って二度とここに戻ってこられません（笑）。

　気をつけてください（笑）。必要な分だけ加えていったらこうなったんです。それに、本を作る時、アーティストにこの建物を離れてもらいたくないのです。宿泊できるゲストルームも別の棟にあります。私は紙を買い、インクを買います。アーティストの頭の中からはアイデア、写真、原稿が出て来ます。それを本にする作業はすべてここで行われなくてはなりません。他の出版社ではどうでしょう。例えばあるアーティストがニューヨークでランダムハウス社へ行く。エレベー

シュタイデル氏のデスクがあるメインフロア。社内の各部門はフロアやパーテーションで区切られているが、ここは誰もが行き来しやすいよう、仕切りがない（右頁）。

社員42人のうち半分近くと話をしたが、だれもが滑らかな英語で歓迎してくれた。

展示用の巨大ポスターを印刷できるプリンター。

電子書籍担当者。自動的にデジタル化せず一手間を。

印刷は地下で行われ、刷り上がり次第チェックが入る。

製版作業担当者。この大きさでそのまま印刷可能と。

ギュンター・グラスの本を見せてくれた著作権担当者。

ターで15階へ行き、CEOと話をします。で、契約書にサインをしてランチに行きます。その後の仕事はすべてアウトソーシングされ、もしかすると編集者はニューヨークにいるかもしれませんが、組版はインド、製作は香港、印刷は中国……だとしたら、出版社の役割は管理のみです。私は、知的な仕事と製作の身体的な要素、それに管理運営は一つの屋根の下でやらなくてはならないと思う。それは私が1972年にこの建物で仕事を始めて以来、ずっと継続してきていることです。

編集者にとっては「出会い」がすべてだと思います。特筆すべき人物はいますか？

一人目はクラウス・シュテーク。彼はポスターを作るグラフィックデザイナーでした。現在はベルリン芸術アカデミーの会長です。76歳になる彼とは1970年以来、今も一緒に仕事をしています。それからヨーゼフ・ボイス。1972年から1986年に彼が亡くなるまで仕事をしました。その後はギュンター・グラス。1986年からずっとでした（2015年4月に死去）。4人目はもちろん、カール・ラガーフェルド。1993年から一緒に仕事をしています。彼は今75歳から80歳くらい。ご存知でしょうが、彼の年齢を知る者はいないんです。私は知っていますが、言いません（笑）。

日本でも人気のある作家なので、ギュンター・グラスについて聞かせてもらえますか？

彼との出会いは1984年でした。私はドイツ南部のあるギャラリーで、彼の銅版画とリトグラフを見たんです。もちろん、その前から彼の作品は、『ブリキの太鼓』や『猫と鼠』『犬の年』を含めて全て読んでいましたし、素晴らしい作家だということは知っていました。でも、彼がリトグラフや銅版画を作るとは知らなかった。だから展覧会を見終わってカタログを買えるかどうかを聞いたら、「カタログはありません」。調べたら、彼の絵画作品に関する本は1冊もない。そこで手紙を書いて「あなたの描く絵画作品に感銘を受けました。それについての関連書を何か推薦してくださいませんか」と問い合わせたら、「そのような本はありません。でもあなたは印刷と出版をやっておられる。ひょっとしてこれはあなたができる仕事ではありませんか」という返事をくれ、私をベルリンに招待して、彼の絵画作品を全て見せてくれました。

そうやって、1986年に初めて一緒に本を作りました。タイトルは『In Kupfer, auf Stein』（英訳は『In Copper, On Stone』、未邦訳）。リトグラフに使う石と銅版画の銅です。もちろん一

文芸担当のクラウディアさんは勤続22年。屋根裏部分にある彼女の部屋で。
下はギュンター・グラス本人の絵が入った代表作特別3部作バージョン。

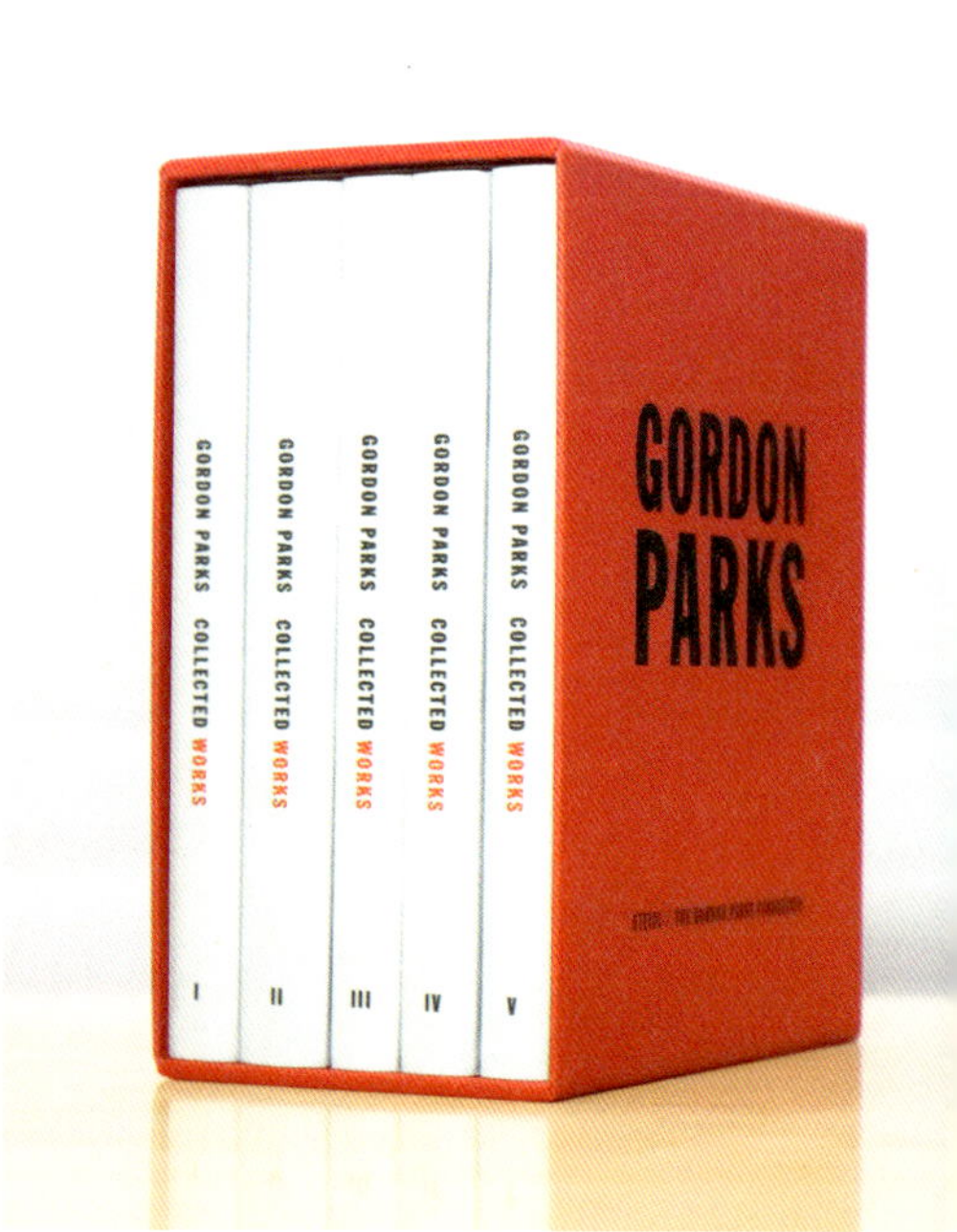

シュタイデル社の主だった刊行物の並ぶ本棚から、鬼《き》海《かい》弘《ひろ》雄《お》さんの写真集など日本関連のもの（左上）。手触りがよく、隙がないのになめらかに本を取り出せる、ゴードン・パークスの函入り5冊作品集（右上）。ロバート・フランク『The Americans』など、取材者の手元にある、シュタイデル社の本たち（右下）と、シュタイデル社の「2014年春夏」版のハードカバー製カタログより（左下）。

緒にレイアウトとデザインもしました。彼は私が心から尊敬する一人です。彼は文章を書くわけですが、内容だけではなく、「バスカヴィル・ブック」か「タイムズ」か、ってテストをして書体まで自分で決めるんです。出版社が決めるのではありません。最後にはカバーまで自分でデザインしました。

もともと彼は他の出版社との独占契約があり、その出版社からは「不法な出版だから止めてくれ」という手紙が来ました。でもギュンター・グラスは「彼らに自分の絵の本を作らないかと10回は申し出たのに、ノウハウがないからと言っていつも断られた。だからシュタイデルと一緒に仕事をする」と言いました。その後、元々契約していた出版社が経営困難になった時、「著作権を買ってくれないか」と彼が聞いてきたので、１９９３年、私は彼の全世界の著作権を買い取りました。

後にギュンターはあるインタビューで、「シュタイデルに恋をした」と言っています。彼の前の出版社でベルテルスマン・グループに入った、ルフトハント社は今も営業しています。『ブリキの太鼓』を１９５９年に最初に出版した時、ルフトハントでは、組版、レイアウト、印刷の全てを自社でやりました。でも、そのうちアウトソーシングするようになった。結局先ほどお話ししたランダムハウス社でのようなことになり、ギュンターは原稿を出版社に持ち込んでも、その後の本作りの過程には参加できなくなってしまいました。彼はそれを寂しく感じたんですね。私と仕事をするようになって、再び一緒にものを作る喜びを手にしたわけです。ここにはそのための全ての技術がありますから。だから「シュタイデルに恋をした」と言ったのでしょう。

何か特に気に入られている本は？

すべての本は私の子供です。私には子供がいませんが、そう想像します。良い母親、父親だったら、自分の子供がきちんと食べられるよう、健康に育つよう気をつけるでしょう。独り立ちする時に力があるように、と。私は自分の作る本がどれも可愛くてしょうがないんです。

１９６８年にこの仕事を始めて46年目、振り返ってみると、過去に作った本で今でも良いと思うものはたくさんありますよ。すぐにでも同じ本を作りたいくらいに（笑）。

私がアーティストと１対１で仕事をするときは、「本を出したい」というそれ以外の理由はありません。売るためのものでもないし、展覧会を記録するものでもない。本そのものです。真っ直ぐです。だからそういう本は何度でも作りたくなる。

シュタイデル社の入り口。表札はノブの横。左側にショウウィンドウも（右上）。

棟と棟のあいだのらせん状の階段。ぎっしりと写真集が積み重なる（左上）。

階段の下に立つ、電光板「カール・ラガーフェルド」（右下）。

一見雑然としているが進行中の資料は項目ごとに整理され、いつでも取り出せるようになっている（左下）。

会社の本棚。社員個別の本棚も充実しており、うらやましい限り（左頁）。

POLIDORI EYE AND I
BOLOFO ROLLS ROYCE
KEYSERLING LANDPARTIE
HOW TO MAKE ...
MOFOKENG BLACK ALBUM
JIM DINE PRINTMAKER
TOM WOOD WOMEN
TOM WOOD MEN
SHEIKH ETHER
NEW TOPOGRAPHICS 3. AUFLAGE
HOW TO MAKE A BOOK
KOBAL GLAMOUR OF THE GODS
GALINSKI MALLS
TELLER WOO
ODERMATT IM DIENST

それぞれのゲラ（印刷された校正刷り）はタイトルと名前入りで並ぶ。

シュタイデル社は42人の従業員で、年に200冊の本を刊行していますね。そのペースと効率を維持できる強みは何でしょうか。

シュタイデル社は、個人の会社であって、株式会社ではありません。パートナーもいない。つまり、いつでも、何をするかを自分で決められるんです。会社としては、社外の技術的な単独の仕事や印刷も請け負います。例えばシャネルとかフェンディのために印刷をして請求書を書く。その他に、キュレーションや本のデザインでも売り上げがあります。

また、既刊本が継続的に売れていることも強みです。たとえば、ギュンター・グラスの『ブリキの太鼓』は、毎年30万部、ロバート・フランクの『The Americans』は4万部、ロバート・ポリドリの『Havana』は2万5000部売れています。多くのベストセラーで入るお金は、全て新たに出す本に投資して、還元するんです。新しい機械とかクレージーなことなんかにね（笑）。

厳しい時もあるし、良い時もあるけれど、とにかく倒産はしていません。それに私はプライベートにはあまりお金を使わないんです。ポルシェも持っていないし、パーティーもしないし飲み歩きもしない。ついでに、優雅なバケーションも取りません。休暇は、もう25年来毎年スイスへ2週間行くんですが、山歩きをするだけ。バハマには行きません（笑）。

作りたくなる本というのは、どういうものですか？

私がアーティストの本を作るのは、売るためでもないし、展覧会を記録するためでもなく、本そのものが目的です。単純に、そういう本こそ、私が作りたいと思う本なんです。この仕事を始めて45年になりますが、何度でも作りたいと思う本があります。

たとえば、ロバート・フランクの『The Americans』は世界で最も有名な写真集のひとつで、私が著作権を買ったのは2007年ですが、現在のシュタイデルのバージョンは、初版の50年以上前のものと同じテイストです。今でも当時と同じように新鮮で、世界で最も素晴らしい。モダンな写真本の基礎となっている1冊でしょうね。

それから私が好きな仕事は、アーティストの「全集」を作ることです。ゴードン・パークス、ロバート・フランク、ロバート・アダムス、ウィリアム・エグルストン、ロバート・ポリドリ……彼らは数年ごとに、新しいアイデアをもたらしてくれ、本を作ってきましたが、時間を経てそれぞれの時期が来たら、「全人生の仕事」をまとめます。

亡くなったゴードン・パークスの全集に収録するために、

彼のニューヨークのアトリエで、手紙や記事の類、ゲットーにいた時の記録、劣悪な環境で暮らす黒人たちをインタビューしたもの……彼の手になる1万点に触れ、その中から600点を選びました。そう、私は1万点見たんです！　すべてを自分の目で見て、私が学生になって勉強させてもらったような気がしました。

本を作る時の哲学はいつも同じです。最初は純粋に、アーティストだけのために作る。アーティストなしでは、私は何者でもありません。この点を出版人はみんな理解すべきです。良いアイデアや原稿、写真を私たちのところへ持ってきてくれなければ、私たちは印刷するものがない。第1に優先されるべきは、アーティストの言葉によく耳を傾けることです。

2番目の優先事項は私自身です。私は自分のために働く。私はアーティストと自分のために仕事をするのであって、後はどうでもいいんです。本は出来上がって自立し、世界に出て行ったらコントロールすることはもはやできません。読む人の手中にあるからです。でも、それまでは私とアーティストの間だけのものです。「本は私の子供だ」という話をしましたが、アーティストと私は家族として一緒に、子供である本が大きくなるように面倒を見ていくわけです。

私とアーティストや作家たちとの間には強い絆があります。彼らは、デザインや組版、印刷や紙などに興味を持っていて、本作りのすべてに参加したいからこそ、普通の出版社ではできないことを求めて私のところへやって来ます。学生のように教えてもらうことのできる、すばらしい家族に恵まれている私は、ほんとうに幸せです。

ジョン・コーエンさん（**編集部注：アメリカのミュージシャン・写真家。取材時に新刊『Here and Gone』の作業を泊り込みでしていた。33頁の後ろ姿の写真では打ち合わせ中**）**も楽しんでおられますね。**

そうですね。人生をずっとボブ・ディランなど最高のミュージシャンと共に過ごしてきた彼と出会ったのは、12年前のことです。彼のアーカイブを見て「毎日写真を撮ってください。私があなたの人生の最後まで、その写真を本にします」と伝えました。それが彼を生き生きとさせています。彼は今年（2014年）で82歳だったかな。一人でニューヨーク州のパットナム・ヴァレーからここまで来るんですよ。ルフトハンザで飛んで、フランクフルトから電車に乗って、ひょいと身軽に。

ロバート・フランクの夫人、ジューン・リーフに言われたことがあります。「あなたと本を作り始める前は、ロバートは毎日ソファの上で寝てばかりいたのよ」と。それが今は、本のために、朝から晩まで愉しく働いている。彼は89歳、彼

真剣なまなざしで画像を処理する担当のベルナルド・フィッシャーさん。
処理スピードは1日に30～40枚くらいだが、1枚に30枚分の時間をかけることもあるという（上）。
地下にある印刷現場。本ごとの各種用紙とインクなどの資材が所狭しと（下3点）。
刷り出しの確認のために、日に何度も印刷現場に足を運び細部にわたって指示をする（左頁）。

女は85歳くらいで、かなりの年ですが、「私たちくらいになると人生は毎日2歩下がっていく。でもあなたが来る時には2歩進むんです」とおっしゃる。とてもかわいいでしょう（笑）。本作りでアーティストは命を吹き込まれるんです。

先週はここに83歳のデービッド・ゴールドブラット（1930年生まれの南アフリカ共和国出身の写真家）が来ていました。ヨハネスブルグからいつもリュックサックを背負って現れるんです。

質の高い本を出されていますが、本にかかるコストをどう考えていますか？

マーケティングはやっていません。この本を作るには60万ユーロかかるが儲かる可能性があるかなんて考えない。カール・ラガーフェルドは一度私にこんなことを言いました。「3階の窓から金を投げろ。しばらくしたら玄関に帰ってくるから」と（笑）。安い紙でコストを節約できるかどうかばかりを考えていたら、製作コストは節約できるかもしれませんが、できたものは死んでいる。だからその点は鷹揚でなければなりません。

私は本の製作費を計算することはほとんどしないんです。もちろん、だいたいのアイデアはありますよ。でも、どのくらいかかるかを知りたくない。一種のギャンブルみたいなものです。財政的なことに関しては、ただ自分の直感に従うだけで、私は動物のような存在です。

でもドイツでは「指先の感覚（直感）がなければいけない」と言います。自分がやっていることに対して、感覚鋭くセンスを研ぎ澄ませていなくてはいけない。

日本では、「お金は天下の回りもの」と言います。自分のところに巡ってくると思っても、なかなか窓からは捨てられませんが（笑）。事前にかかる取材費などはどうされているんでしょうか？

同じ目線の高さでつきあおうとすると、アーティストはベストを尽くしてくれます。よく一緒に仕事をするファザル・シークというパキスタン系米国人の写真家がいます。彼には人々のポートレートを撮って、彼らの物語を書くという人生をかけたコンセプトがあります。アフガニスタンやインド、ブラジル、キューバ、西アフリカ、コンゴ……常に少数派に属する人たち、政治的な発言力がない人たちを撮り、そういった人たちに声を与えるのです。ちょうど今コンゴにいますが、危険で劣悪な環境で、巨大なカメラを担いで歩いていると思います。草むらにたどり着いて、そこの人々を写真におさめる瞬間までじっと待つ。自分の人生とかなりのお金を投資するわけです。だから、彼が私のところへ戻って来た時、「良い仕事をしましたね。でもこの大きさでは高くつきすぎる。別のサイズでやりましょう」とか、「この紙ではなく、こちらの安い方にしましょう」とか、そんなことは言えません。

ノンフィクション作品はとくに、費用対効果の面で困ることがありますね。

でも、それは出版社がどうにかしなくてはならない仕事の範疇です。本というのは、出版社とアーティストのコラボレーションですし、成長すべきアーティストには、まず投資しなくてはなりません。それで10年、15年でやっと見返りがある。でも、その質問を聞けるのはうれしいですよ。ほとんどの出版社はそういうことを気にしなくなっているから。

本の未来についてどう思われますか。

「アナログは死につつある」と言って、全てをデジタル化しようとしている人たちのビジネスモデルは西部劇のようです。誰か追い出したい人間がいると、ライフルを手にして、その人間を撃ち、1万頭の牛を自分のものにする。そんな感じがあります。

泊り込み作業中のジョン・コーエン氏。編集担当のサラ・ウィンターさんとシュタイデル氏との3人でゲラのチェック作業を丹念に。この後、コーエン氏は『Here and Gone』、『Walking in The Light』をシュタイデル社から刊行。

「ドイツ語は長い単語が多いので、それをきれいに見せなくてはいけません。
行の幅が短いと左から右へ読むのに疲れてしまう」と書籍の編集者は語ってくれた（上）。
英語で行われたインタビュー中、ドイツ語と日本語への翻訳で
混乱した専門用語を説明するのに、図を描きながら、丁寧に（下）。

でも印刷は死んでいない。本は死んでいません。だからこそ、出版社は、本をより美しく仕上げるようにしなくてはならないんです。まずはデザインからです。この時代だからこそ、本は、質のよいデザインと印刷で、上等な紙の素材に。ハードカバーの場合には最高の表紙を添える。

本は「美しいもの」でなくてはなりません。人々が家に持って帰りたくなり、触りたくなり、匂いをかぎたくなるような本です。そういうことは、iPadではできない経験です。私はiPadや電子書籍に反対しているわけではありません。でも、私の本棚には、身体が喜ぶ本を置きたい。身体になじむ美しい本と本棚は、次世代のためにあるというのが、持論です。

もちろん、現実的には、そんな素敵な本棚を作れるスペースはほとんどの場合ありません。そういうことができるのは裕福な人か、公共の図書館や団体だけかもしれない。でも、それが本の未来です。

私は２０１３年に何度もシンガポールや韓国、中国や台湾へ行き、学生たちを教えました。彼らは自分の家の写真を見せてくれましたが、なかなか素敵な本棚を持っていましたよ。数は30冊くらいかもしれませんが、どの本についても、買った理由や、本棚に並べる必要性を語ることができるんです。

お金はあまり持っていないかもしれないけれど、毎年２、3冊、高品質の本を買う。そうすれば、一生の宝となります。もしかすると子供がそれを引き継いで、自分の本棚を作るかもしれない。それって美しい、素敵なことですよね。それが本の出版の未来です。出版社は、自分たちが作る本が高品質で上等な、身体が求めるようなものであるよう、気を遣わなくてはなりません。そうすれば、私たちの未来は明るい。

それは新聞でも同じです。私は毎日、地元の新聞と『ディー・ツァイト』と『フランクフルター・アルゲマイネ』を読みますが、日常的なニュースにはあまり興味がありません。感心させられるのは、たとえば世界での飲料水不足についてのエッセイといった、丹念にリサーチされ、上質なイラストや写真で表現されたルポルタージュです。そういった情報を得ることが新聞を買う理由となるように、出版の将来も、作家や写真家による作品の質の高さにかかっています。内容と製作が一流なら、その本に素晴らしい将来があることはまちがいない。そして出版社も作家もお金を稼げます。質が悪いものは、出版しなくていい。ダメなら売れない。それだけのことです。

シュタイデルの本はいい匂いがしますね。素材はどういったものを？

本の匂いを嗅ぎましたか？　紙そのものは50％がドイツ、30％はスウェーデン、あとはスイス、オーストリア、スペインで購入しています。たまにアメリカのものも買いますがドルは変動が激しいので、重版の際に困ります。
インクはすべてドイツのものです。ハノーバーの近くに200年の伝統を持つ家族経営のインク工場があって、そこから8割を購入しています。特別なものはイタリアからですが、いずれにしても、使うインクはすべて植物性油をベースにしたものです。たとえば、いまあなたが嗅いでくれた本は、亜麻仁油ベースで、高いのですがとても上品な匂いがするでしょう。最高のレストランが最高級の素材を手に入れるのと同じように、印刷でも、素材が基本です。

もし生まれ変わるなら、日本で生まれて同じ仕事をしたいとおっしゃっていましたね？

そうです。なにより、日本人は血にインク（ドイツ語の「Tinte」）が流れているのだと思います。「Tinte」には二重の意味があって、インクそのものの意味はもちろんですが、「Tinteが血に流れている」と表現すると、「美しい詩や文学を書ける」という意味になるんです。墨の書や切手など、日本の皆さんには文字や印刷に対するよいセンスがありますよね。そこに感銘を受けるんです。印刷技術が発明されたのは中国ですが、日本人がさらなる高みへ持って行ったでしょう。だから、「次の人生で何をするか」という問いに対する私の答えは、日本人になって同じ仕事をすることなんです。
では、私がどういう風に死にたいかを教えましょうか？　この本が沢山積んであるここの階段ホールを見ましたか？　この階段は鉄筋で支えられていますが、長年の間に何トンもの本が積み上がりました。ある日この階段を降りるんです。それで一番下の段に着いた時に、階段のネジが外れて、私は落ちてきた本に埋められる（笑）。それが起こるのは95歳の時であることを願っていますけれどね（笑）。

シュタイデル氏とその部屋。モノは多いが整然とした印象で、扉がなく出入り自由な、開放的な空間となっている（左頁）。

genheim
Architecture

「シュタイデルはいかにしてSteidlを築いたのか」

中島佑介

ゲルハルト・シュタイデルによって設立された出版社、Steidlは、写真家やアーティスト、デザイナー、小説家などさまざまな分野のトップクリエイターをクライアントに抱え、数年先まで出版プロジェクトが控えている、今や世界で最も活躍する出版社で「この10年で最も重要な出版社」とも言われる。通常、表舞台に登場するのは本の著者やコンテンツで、出版社は本を作る裏方としての役割を担い、会社自体が注目される事は少ない。しかしSteidlは例外的な存在で、「Steidlから本を出したい」という作家や、「Steidlの本だから扱いたい」という書店、「Steidlの本だから買いたい」というコレクターが世界中にいる事が物語っているように、その存在自体が一つのブランド価値を持っている稀な出版社だ。そのSteidlはどのように築き上げられたのか、この映画はその神髄を垣間見られるドキュメンタリーだ。

ゲルハルト・シュタイデルは1967年、弱冠17歳の時にデザイナー／印刷所としてのキャリアをスタートさせた。その頃にケルンで見たアンディ・ウォーホルの作品の美しさに感銘を受け、シルクスクリーン印刷について学び、68年には自身の故郷であるゲッティンゲンに戻り、そこでスタジオを構えて〝learning by doing（習うより慣れろ）〟のスタンスで徐々に技術を身につけていった。ポスターの印刷からスタートし、72年には初の書物を出版。74年にはノンフィクションの出版プログラムを立ち上げ、80年代初頭にはアートブックや写真集の出版にも着手、その活躍の場を拡げていった。

キャリアを徐々に重ねていく中で、シュタイデルは最も影響を受けた人物として、現代美術作家のヨーゼフ・ボイスの名を挙げ「あらゆる点において、ヨーゼフ・ボイスは私の先生でした」と言っている。シュタイデルは72年以降、ボイスが亡くなるまでの14年間、彼のマルチプル（編集部注：芸術家の指示に従って量産されるアート作品）や印刷物のほとんどを手がけていた。その製作現場から、アイデアを形にする際に注意すべき点や、慣習にとらわれない方法で、単なる「大量生産品」ではない魅力を加味していく手腕など、多くの事を学んだ。さらに巨匠のクリエイションに直《じか》に関わった事から、シュタイデルは印刷が単なる製作工程の一つではなく、それ自体がクリエイティブなものだと知り、情熱を傾けるようになる。

96年には写真集とアートブックに力を注ぎ、その出版を国際規模でスタートした。それから20年近く、今日においては、ロバート・フランクやウィリアム・エグルストン、ジョエル・スタンフェルド、ブルース・デヴィッドソン、ロバート・アダムスなどの写真家、ロニ・ホーンやジム・ダインといった現代美術作家、ファッションデザイナーのカール・ラガーフェルド、小説家ギュンター・グラスなど、名前を挙げきれないほど数多くのクリエイターたちがSteidl社をパートナーとして信頼するようになっている。

また、すでに評価されている著名な作家の本を作るだけではなく、アレック・ソスなど若手写真家たちの才能を見いだし作品集を出版、それをきっかけに彼らを一躍トップフォトグラファーに押し上げるなど、アート業界においても大きな役割を担っている。

年間に200近い出版物を発行しているSteidl社だが、本社スタッフは42名。出版タイトル数からは想像もつかないほど少数の人員で運営されている。この少数精鋭のスタイルもさることながら、Steidl社のユニークな点は、社内に全ての生産機能を持ち、編集、デザイン、印刷から製本まで、本にまつわる工程を一括して自社で手がけている所だ。こういった出版社は世界的に見ても稀な存在だが、この徹底した管理によって生み出される本は、あらゆる点で巧みに作家のアイデアや表現を具体化しており、その丁寧に作られた美しいプロダクトは世界の写真/アートファン、本の愛好家たちを魅了している。

この総合的な製作管理に加えて、シュタイデルが大事にしているもう一つの事、それは作家たちとの密なコミュニケーションだ。彼は世界中を旅して自ら作家の元に赴く。そして時には編集者として意見を交わし、ある時にはアートディレクターとして装丁を提案、さらに印刷所として的確な印刷方法を選び、出版社として発行部数を決める。妥協をせず、徹底した姿勢で本を作るシュタイデルをアーティストたちが心から信頼し、共同で本をつくる事を楽しんでいる様子がこの映画から見て取れる。

シュタイデルがどのように本を作っているのか、その姿を通して描き出されているのは出版という限られた世界の話ではなく、その他のクリエイションにも通じるストーリーだ。共同作業のパートナーを信頼し、親密にコミュニケーションを取り、求められているものに全力で応え、クオリティーに対して妥協しない……そうして生み出されたものが結果的に人の心を打ち、魅了する。優れたクリエイターとしてシュタイデルの姿をとらえ、ものを作り出すことの根源に触れたこのドキュメンタリーを、ぜひ多くの方に見てもらいたい。

なかじま・ゆうすけ
株式会社limArt代表。扱っている本が定期的に全て入れ代わるブックショップ［POST］のディレクター。出版社という括りで本を特集することで、普段書店では見えにくい「出版社」の世界観も感じてもらう新しい読書体験を提供。本の売り場のコーディネートや本のアーカイブ作成なども行なっている。店内にはSteidl社の協力を得て、国内で唯一Steidlのメインラインナップを常時取り扱うスペースも展開している。
www.post-books.info

映画『世界一美しい本を作る男』制作ノート

監督プロフィール

ゲレオン・ヴェツェル｜Gereon Wetzel（右）
1972年ドイツのボン生まれ。ハイデルベルク大学で考古学の修士号を取得し、スペインにある海洋考古学の研究所で考古学者として働く。その後、ミュンヘンのUniversity of Television and Film Munich（HFF München）でドキュメンタリー映画制作を学ぶ。2011年に日本でも大ヒットした、人気レストランに密着したドキュメンタリー『エル・ブリの秘密 世界一予約のとれないレストラン』を発表。今もミュンヘンに在住し、フリーのライター、映画制作者として活躍している。

ヨルグ・アドルフ｜Jörg Adolph（左）
1967年ドイツのヘルフォルト生まれ。マールブルク大学で、近代ドイツ文学、メディア学、ヨーロッパ民族学、美術史を学ぶ。1994年に修士号を取得した後、ミュンヘンのUniversity of Television and Film Munich（HFF München）でドキュメンタリー映画制作とテレビジャーナリズムを学ぶ。以来、同校でドキュメンタリー制作を指導している。ミュンヘン郊外に在住し、フリーの映画制作者として活躍する。

監督プロダクションノート

ゲレオン・ヴェツェル&
ヨルグ・アドルフ

私たちはドイツのゲッティンゲンにあるシュタイデル社の一室でゲルハルト・シュタイデルを待っていた。彼については、「長い時間待たされることはない」とか、「変わった人物ではない」などと書かれている記事は存在しない。彼は本作りに関してだけでなく、ものごとの進め方がユニークなことでも有名なのである。

私たちは書庫で資料に目を通しながら、待つことになった。そして数時間が過ぎ、ミュンヘン行きの終電が出る直前になって、ついに内線電話が鳴った。「今なら2、3分の時間がある」。私たちは階段を駆け降り、シュタイデルがいる紙の洞穴へと向かった。ずいぶん遅い昼食を食べていた彼は、これから撮る映画について自分の考えを話した。「特に重要なのは、この出版社での仕事だ。ここではすべてを見ることができる。数週間、私に同行してもいい。向かう先は、ロンドン、パリ、ニューヨーク……それも重要だ。そうすれば、私がどんなふうに仕事をしているのかがわかる。1日10件の約束を次から次へとこなすのだ。撮影したいものが見つかるまで、好きなだけここにいてくれてかまわない。心ゆくまで撮影してください。どうするかは自分たちで考えてくれ。私には君たちの狙いがわからないからね」

私たちは彼の言葉通りにさせてもらった――映画制作がいつもこれほど簡単なものであればいいのだが！　私たちはシュタイデルの仕事に密着し、1年をかけて一流の美しい写真集が制作されていく様子を観察することができた。ときには、シュタイデルの膨れ上がったスーツケースを空港から空港へと追いかけ、空港から写真家のスタジオへせっせと運び、音を立てないように撮影を進めながら会話に聞き耳を立てた。

私たちは映画制作者として、芸術的な技能やテーマ、そしてコンセプトについて写真家から多くを学んだ。写真とは実体を捉える芸術だという熱い議論が存在し、表層的ではなく複層的に見通す目を持つ思慮深い第三者がいることを知った。それだけではなく、本には紙やインクのよい匂いがしなければならないこと、そしてシュタイデルくらい徹頭徹尾、愛情を持って取り組めば、アートブックのような狭い分野でも大きな仕事が成し遂げられることを私たちは学んだ。

登場するアーティストたち

写真家

マーティン・パー｜Martin Parr

１９５２年イギリスのサリー州エプソム生まれ。最も影響力を持つ現代写真家の1人。そのユニークな視点は、中流階級の暮らしの中にある、ありふれていながらもグロテスクな側面や、消費社会の実相を露わにしている。写真という媒体が人間の本質を映し出す鏡として用いられる彼の作品には、皮肉かつ愛情深いテーマが反映されている。１９９４年から写真家グループであるマグナム・フォトの正会員。

写真家

ジョエル・スタンフェルド｜Joel Sternfeld

１９４４年ニューヨーク生まれ。写真集『American Prospects』（１９８７）の発表以来、最も重要なカラー写真アーティストの1人とされている。これまでに2度のグッゲンハイム・フェローシップやローマ賞など、数多く受賞。写真集『Walking the High Line』、『Treading on Kings』、『American Prospects』（改訂版）、『Sweet Earth: Experimental Utopias in America』、『When it Changed』、『Oxbow Archive』、『iDubai』などがシュタイデル社から出版されている。

写真家

ロバート・フランク｜Robert Frank

１９２４年スイスのチューリッヒ生まれ。１９４７年に渡米。１９５８年に出版された写真集『The Americans』は、写真集の美学の常識を覆す先駆的な作品となった。その他にも、『Black White and Things』や『The Lines of My Hand』などの写真集を発表するかたわら、アルフレッド・レスリーと共同で監督した短編『Pull My Daisy』（１９５９）以降、多くの映画も制作。彼の作品は世界中の美術館で展示されている。現在、ニューヨークとカナダのノバスコシアに在住。その多くの写真集と映像作品は、シュタイデル社から出版されている。

写真家

ハーリド・ビン・ハマド・ビン・アーマド・アル＝サーニ｜Khalid Bin Hamad Bin Ahmad Al-Thani

１９８０年カタールのドーハ生まれ。写真を「字幕の要らない言葉」と表現し、自国をありのままに語る言葉としての写真の創出を目標とする。カタール大学で経済学を学んだ後、カタール砂漠の美に注目。写真集『Here is My Secret』などがシュタイデル社から出版されている。

写真家

ロバート・アダムス｜Robert Adams

１９３７年ニュージャージー州オレンジ生まれ。１９７５年に開催された伝説的な展覧会、「ニュー・トポグラフィックス」への参加で有名に。作品はヨーロッパや米国で何度も発表されているほか、『The New West』『What We Bought』『Our Lives and Our Children』『Turning Back』など写真集は30冊を上回る。これまでに、マッカーサー・フェローシップ賞、ドイツ・ボーズ写真賞、Spectrum International Prize for Photography など、数々の賞を受賞。

写真家

ジェフ・ウォール｜Jeff Wall

１９４６年生まれ。生まれ故郷であるカナダのバンクーバーに在住し、ブリティッシュコロンビア大学で美術史の教鞭をとった。ドクメンタで4回にわたって発表された作品で世界中にその名を知られることとなった。２００２年にハッセルブラッド国際写真賞を受賞。その作品のカタログは、２００５年にシュタイデル社から出版されている。日本では１９９７年に水戸芸術館で個展が開催された。

現代美術家

エド・ルシェ｜Ed Ruscha

１９３７年ネブラスカ州オマハ生まれ。ロサンゼルスのシュイナード美術大学（現・カリフォルニア芸術大学）で学ぶ。これまでに世界的な現代美術展ドクメンタに4回参加している。彼の作品は世界中で発表され、数多くの主要な美術館やコレクションにも収蔵されている。現在、ロサンゼルス在住。『Then & Now』、『Ed Ruscha: Photographer』、そしてジャック・ケルアックの『路上』を再解釈したアートブック『On the Road』などがシュタイデル社から出版されている。

ファッションデザイナー

カール・ラガーフェルド｜Karl Lagerfeld

ドイツ生まれ。シャネル、フェンディのデザイナー、スタイリスト、出版者、写真家、書店経営者。１９９３年にレイモンド・ローウィ財団のラッキー・ストライク・デザイナー・アワードを、そして１９９６年にはKulturpreis der Deutschen Gesellschaft für Photographie を受賞。１９９４年以降、シュタイデル社から写真集を出版している。

作家

ギュンター・グラス｜Günter Grass

１９２７年ダンツィヒ（現・ポーランド領グダニスク）生まれ。小説『ブリキの太鼓』で一躍有名に。多数の小説（『犬の年』、『ひらめ』、『女ねずみ』など）のほか、詩、戯曲、随筆、自伝的作品（『玉ねぎの皮をむきながら』など）も執筆。またビジュアルアートでも、描画、版画、彫刻を発表している。１９９９年のノーベル文学賞をはじめ、数々の賞を受賞。２０１５年4月死去。亡くなる１週間前まで、シュタイデル氏と新作の打ち合わせを行っていた。死後、シュタイデル社の脇にアーカイブが建立された。

美術家

ジューン・リーフ｜June Leaf

１９２９年シカゴ生まれ。同地のニュー・バウハウスで学び、１９５４年にルーズベルト大学で美術を修了。１９４８年の初の個展以来、国際的に作品を発表している。夫のロバート・フランクとともに、ニューヨークとカナダのノバスコシアに在住。

6
MAN
ROLAND 700
5
MAN
ROLAND 700

日本のみなさんへ

この映画を通して、本というものはどうやってできるのかという本作りの楽しさを、特に若い世代の人に知ってもらいたいと思っています。そして私の製本の知識を海外の方にも伝えたいのです。今日の出版業界では、イギリスの大手出版社が、インドで印刷し、中国でレイアウトを行うというのが実情です。私の会社のように、企画やデザイン、印刷まで本作りの全ての工程を行う出版社は、世界中を探してもほとんどどこにもありません。このような出版社の一例があるということを、より多くの人に知っていただきたいのです。

私は遺産を受け継いだわけでもなく、ゼロから出版社を始めたのですが、それは可能なのです。私の本作りの情熱を受け継ぎ、私の残した足跡をたどる、勇気ある後継者が数多く生まれることを心から願います。

日本は、紙や表紙用の布など、世界で最も美しい本の為のマテリアルと技術を有する国です。自動車産業やオーディオだけではありません。色、筆、印刷用紙、印刷機など本当にすばらしい技術が伝承されています。この豊かさを日本のみなさんはわかっていますか?私に次の生というものがあるのなら、日本に生まれて、日本で今のような出版社を経営したい。それが私の望みです。そうしたら『世界一美しい本を日本で作る男』というドキュメンタリー映画ができますね。

ゲルハルト・シュタイデル

映画

『世界一美しい本を作る男
〜シュタイデルとの旅〜』

監督：ゲレオン・ヴェツェル＆ヨルグ・アドルフ
出演：ゲルハルト・シュタイデル、
ギュンター・グラス、カール・ラガーフェルド、
ロバート・フランク、ジョエル・スタンフェルド、
ロバート・アダムス、マーティン・パー、
ジェフ・ウォール、ジューン・リーフ、
ハーリド・ビン・ハマド・ビン・アーマド・
アル＝サーニ、エド・ルシェ
配給：テレビマンユニオン

原題：『How to Make a Book with Steidl』
２０１０年／ドイツ／88分／カラー
字幕翻訳：小尾恵理／字幕監修：寺本美奈子

ＤＶＤ制作
テレビマンユニオン
〒１５０-０００１ 東京都渋谷区神宮前５-53-67
コスモス青山South棟
電話：０３-６４１８-８７００（代表）

映画情報
公式ホームページ：
http://www.steidl-movie.com/
公式Facebook：
https://www.facebook.com/steidlmovie

制作ノート
映画のパンフレットより転載（一部加筆）

ロングインタビュー
『考える人』２０１４年夏号、秋号に
掲載されたものを加筆の上転載。
取材は２０１４年３月に行われたが、
７時間以上にも及ぶ密度の濃い滞在となった。
＊『考える人』は、シンプルな暮らしと
自分の頭で考える力を追い求めて、２００２年に
創刊した季刊誌です。

写真
POST（6頁）
映画のパンフレットより（40頁）
畑中清孝（takahashi office）［『HUgE』
２００８年９月号］（31頁、48頁）
新潮社写真部 青木登（ほかすべて）

ブックデザイン
白井敬尚形成事務所

ブック情報
http://www.shinchosha.co.jp/steidl-book/

キャンバスとその木枠を買った時点で
間違いは始まっている。

[次頁] シュタイデル社の一角に掲げられた、現代美術家ヨーゼフ・ボイス (1921–86) のマニフェスト宣言。アーティストのアイデアをかたちにするために必要なことすべてをボイスから学んだというゲルハルト・シュタイデルは、「創作がしたいならすぐに行動せよ」と宣言した師の言葉を胸に、今日も本を作り続けている。

世界一《せかいいち》美《うつく》しい本《ほん》を作《つく》る男《おとこ》
～シュタイデルとの旅《たび》 DVDブック

2015年9月20日 発行

『考《かんが》える人《ひと》』編集部《へんしゅうぶ》／テレビマンユニオン 編
発行者：佐藤隆信
発行所：株式会社新潮社
〒162-8711 東京都新宿区矢来町71
電話（編集部）03-3266-5611
（読者係）03-3266-5111
http://www.shinchosha.co.jp
印刷・製本所：大日本印刷株式会社

乱丁・落丁本はご面倒ですが
小社読者係宛お送りください。
送料小社負担にてお取替えいたします。
価格は表紙に表示してあります。

ISBN 978-4-10-339581-2 C0095

MANIFEST
der Fehler fängt
schon an
wenn einer
sich anschickt
Keilrahmen
und
Leinwand
zu kaufen
Joseph Beuys
1. 11. 1985
KAWAMATA
Günter Grass
Werke
Andy Warhol's Interview